GSAT
삼성직무적성검사 모의고사

제1회 ～ 제5회

정답 및 해설

SEOWONGAK
(주)서원각

제1회 정답 및 해설

✏ 수리영역

1 ④

소금 15g으로 10%의 소금물을 만들었으므로 물의 양을 x라 하면,

$\dfrac{15}{x+15} \times 100 = 10\%$에서 $x=135$

여기에서 소금물을 끓여 농도가 20%로 되었으므로, 이때의 물의 양을 다시 x라 하면,

$\dfrac{15}{x+15} \times 100 = 20\%$에서 $x=60$

여기에서 물 15g을 더 넣었으므로

$\dfrac{15}{60+15+15} \times 100 = 16.67\%$

약 17%

2 ①

작년의 전원 장치 수리 건수를 x, 필터 수리 건수를 y라고 할 때, $x+y=238$이 성립한다. 또한 감소 비율이 각각 40%와 10%이므로 올해의 수리 건수는 $0.6x$와 $0.9y$가 되며, 이것의 비율이 5 : 3이므로 $0.6x : 0.9y = 5 : 3$이 되어 $1.8x = 4.5y(\rightarrow x = 2.5y)$가 된다.

따라서 두 연립방정식을 계산하면, $3.5y = 238$이 되어 $y = 68$, $x = 170$건임을 알 수 있다. 그러므로 올 해의 전원 장치 수리 건수는 $170 \times 0.6 = 102$건이 된다.

3 ④

㉠ 갑의 작업량은 $(3 \times \dfrac{1}{8}) + (3 \times \dfrac{1}{8}) = \dfrac{3}{4}$

㉡ 전체 작업량을 1이라 하고 을의 작업량을 x라 하면, $\dfrac{3}{4} + x = 1$, ∴ $x = \dfrac{1}{4}$

㉢ 을의 작업량이 전체에서 차지하는 비율은 $\dfrac{1}{4} \times 100 = 25\%$

4 ④

8명을 2명씩 4개조로 나누는 방법의 수는

$_8C_2 \times {_6C_2} \times {_4C_2} \times {_2C_2} \times \dfrac{1}{4!} = 105$

남자 1명과 여자 1명으로 이루어진 조가 2개인 경우는 남자 2명, 여자 2명, 남자 1명과 여자 1명, 남자 1명과 여자 1명으로 조를 나눌 때이므로 그 경우의 수는 $_4C_2 \times {_4C_2} \times 2 \times 1 = 72$

따라서 구하는 확률은 $\dfrac{72}{105} = \dfrac{24}{35}$

5 ②

사무실에서 △△카페까지의 거리를 $x km$라고 하면

$\dfrac{x}{4} - \dfrac{10}{60} = \dfrac{x}{10} + \dfrac{17}{60}$
$9x = 27$
$x = 3$

6 ③

예 사원이 맞힌 문제 수를 x개, 틀린 문제 수를 y개라 하면

$$\begin{cases} x + y = 20 \\ 3x - 2y = 40 \end{cases} \quad \therefore \ x = 16, \ y = 4$$

따라서 예 사원이 틀린 문제 수는 4개다.

7 ③

사과를 x개, 귤을 y개 샀다고 하면

$$\begin{cases} x + y = 9 \\ 900x + 300y = 4500 \end{cases}, \ 즉 \begin{cases} x + y = 9 \\ 3x + y = 15 \end{cases}$$

$$\therefore \ x = 3, \ y = 6$$

따라서 사과는 3개 샀다.

8 ④

20%의 소금물의 양을 Xg이라 하면, 증발시킨 후 소금의 양은 같으므로

$$X \times \frac{20}{100} = (X - 60) \times \frac{25}{100}, \ X = 300 이다.$$

더 넣은 소금의 양을 xg이라 하면,

$$300 \times \frac{20}{100} + x = (300 - 60 + x) \times \frac{40}{100}$$

$$x = 60$$

9 ④

㉠ 직원의 월급은 생산에 기여한 노동에 대한 대가이고 대출 이자는 생산에 기여한 자본에 대한 대가이므로 생산 과정에서 창출된 가치를 포함한다. 창출된 가치는 500만 원이 된다.

㉡ 생산재는 생산을 위해 사용되는 재화를 말하며 200만 원이다.

㉢ 서비스 제공으로 인해 발생한 매출액은 700만 원보다 적다. 왜냐하면 600만 원이 모두 서비스 제공으로 인한 매출액이 아니기 때문이다.

㉣ 판매 활동은 가치를 증대시키는 생산 활동에 해당하므로 판매를 담당한 직원에게 지급되는 월급은 직원이 생산 활동에 제공한 노동에 대한 대가로 지급된 금액이다.

10 ②

② 소득이 150~199만 원일 때와 200~299만 원일 때는 만성 질병의 수가 3개 이상일 때가 각각 20.4%와 19.5%로 소득 수준의 4분의 1인 25%에 미치지 못한다.

① 소득이 가장 낮은 수준의 노인이 3개 이상의 만성 질병을 앓고 있는 비율이 33%로 가장 높다.

③ 소득 수준이 높을수록 '없다'의 확률이 더욱 높아지고 있다.

④ 월 소득이 50만 원 미만인 노인이 만성 질병이 없을 확률은 3.7%로 5%에도 미치지 못한다.

⑤ 질병수 '2개' 확률 중 월 소득 수준이 150~199만 원인 노인의 확률이 가장 높다.

11 ③

출시 건수가 가장 많은 회사는 B사, 세 번째로 많은 회사는 C사이다.

B사의 2019년 대비 2020년의 증감률은

$$\frac{118-121}{121} \times 100 = -2.48\%$$

C사의 2019년 대비 2020년의 증감률은

$$\frac{80-61}{61} \times 100 = 31.15\%$$

12 ③

③ 2017년 오락문화비는 174,693원 2016년 오락문화비는 129,494원이므로 2017년 오락문화비는 전년보다 $174,693-129,494=45,199$(원) 증가했다.

① 2015년 가계지출액 대비 오락문화비는 4.44%로 4.5%에 미치지 않는다.

② 2014년부터 2018년의 문화여가지출률은 다음과 같다.

	2014	2015	2016	2017	2018
문화여가 지출률	4.35	4.44	4.53	5.27	5.76

④ 2014년(2,901,814) → 2015년(2,886,649) → 2016년(2,857,967)로 전년대비 가계지출액이 감소하였음을 알 수 있다.

⑤ 오락문화비는 매년 증가였으며 가계지출액은 2015년과 2016년에 전년대비 감소하였다.

13 ③

③ 2016년과 2017년이 동일하며, 2018년~2020년이 동일하므로 모든 해의 수출실적 순위가 동일한 것은 아니다.

① 수산물 수출실적이 '전체'가 아닌 1차 산품에서 차지하는 비중이므로 2019년과 2020년에 각각 61.1%와 62.8%인 것을 알 수 있다.

② 농산물과 수산물은 2016년 이후 매년 '감소-감소-증가-감소'의 동일한 증감추이를 보이고 있다.

④ 연도별로 전체 합산 수치는 103,285천 달러, 106,415천 달러, 121,068천 달러, 128,994천 달러, 155,292천 달러로 매년 증가한 것을 알 수 있다.

⑤ 공산품만 꾸준한 증가추세를 보이고 있다.

14 ③

A에서 B로 변동된 수치의 증감률은 (B-A)÷A×100의 산식으로 계산한다.

• 농산물 : (21,441-27,895)÷27,895×100
  =-23.1%

• 수산물 : (38,555-50,868)÷50,868×100
  =-24.2%

• 축산물 : (1,405-1,587)÷1,587×100
  =-11.5%

따라서 감소율은 수산물, 농산물, 축산물의 순으로 큰 것을 알 수 있다.

15 ④

④ 국비를 지원받지 못하는 문화재 수는 7개, 구비를 지원받지 못하는 문화재는 9개이다.

① 2008년 11월 10일에 공사를 시작한 문화재가 공사 중이라고 기록되어 있는 것으로 보아 2008년 11월 10일 이후에 작성된 것으로 볼 수 있다.

② 전체 사업비 총 합은 4,176이고 시비와 구비의 합은 3,294이다. 따라서 전체 사업비 중 시비와 구비의 합은 전체 사업비의 절반 이상이다.

③ 사업비의 80% 이상을 시비로 충당하는 문화재 수는 전체의 50% 이하이다.

⑤ 공사 중인 문화재사업비 합은 1,159이고, 공사완료된 문화재 사업비 합은 2,551로 50% 이하이다.

16 ③

③ 1주 동안 21회 이상 대중교통을 이용하는 사람의 비중이 가장 큰 곳은 8.5%로 서울이다.

① 인천과 대전에서는 1주간 평균 1~5회 이용한 사람이 가장 많다.

② 각 지역의 조사 인원을 알 수 없으므로 해당 보기의 내용은 알 수 없다.

④ 서울에서 1주간 대중교통을 16회 이상 이용하는 사람은 16.0%이고 11회~15회 이용하는 사람은 18.8%이다.

⑤ 각 지역의 조사 인원을 알 수 없으므로 해당 보기의 내용은 알 수 없다.

17 ①

① $\dfrac{245-175}{175} \times 100 = 40$

② $\dfrac{250-190}{190} \times 100 = 31.57 \cdots$

③ $\dfrac{165-130}{130} \times 100 = 26.92 \cdots$

④ $\dfrac{150-135}{135} \times 100 = 11.11 \cdots$

18 ③

$\dfrac{245+250}{810} \times 100 = 61.11 \cdots (\%)$

19 ①

①②③ 매출량 증가폭 대비 매출이익의 증가폭은 기울기를 의미하는 것이다.

매출량을 x, 매출이익을 y라고 할 때,
A는 $y = 2x - (20,000 + 1.5x) = -20,000 + 0.5x$
B는 $y = 2x - (60,000 + 1.0x) = -60,000 + x$

따라서 A의 기울기는 0.5, B의 기울이는 1이 돼서 매출량 증가폭 대비 매출이익의 증가폭은 투자안 A가 투자안 B보다 항상 작다.

④⑤ A의 매출이익은 매출량 40,000일 때 0이고, B의 매출이익은 매출량이 60,000일 때 0이 된다. 따라서 매출이익이 0이 되는 매출량은 투자안 A가 투자안 B보다 작다.

20 ②

② 필기 접수자 중 기능사 자격시험의 접수자가 1,091,646명으로 가장 많다.

① 전체 필기 응시인원 대비 기능사 필기응시 인원은 916,224÷1,993,273×100=약 46%로 50%에 못 미친다.

③ 필기시험 접수자 중에서 필기 미응시 인원은 175,422명으로 기능사 자격시험이 가장 많다.

④ 필기응시 인원이 가장 적은 시험은 기술사 시험이며, 기술사 실기 시험의 미응시 인원은 11명으로 가장 적다.

⑤ 필기 합격인원이 가장 많은 시험은 423,269명으로 기능사 시험이며 합격률도 46.2%로 가장 높다.

21 ⑤

①②③④ 상위어>하위어=하위어의 관계이다

⑤ 동물과 포유류는 상위어-하위어 관계이지만 사과는 이에 속하지 않는다.

22 ②

①③④⑤ 유의어 관계의 단어이다.

23 ④

①②③⑤ 대상과 그 대상의 수량을 나타내는 단위의 관계이다.

④ 축은 오징어 20마리를 나타내는 단위이다.

24 ①

'공성신퇴'는 공을 이루었으면 몸은 후퇴한다는 뜻으로, 성공을 이루고 그 공을 자랑하지 않음을 뜻하는 고사성어로 겸손을 의미한다. '일겸사익'은 한 번의 겸손은 천, 지, 인의 사자로부터의 유익함을 가져오게 한다는 뜻으로, 두 고사성어 모두 겸손을 의미한다.

'일반지은'은 한 번 밥을 얻어먹은 은혜를 뜻하는 말로 은혜에 관한 고사성어이다. '구로지은'은 자기(自己)를 낳아 기른 어버이의 은혜를 뜻하는 말로 빈칸에 적절하다.

25 ③

주어진 단어쌍은 작가와 작품의 관계이다.

① 현진건

② 박태원

④ 이청준

⑤ 김동인

26 ①

각 명제의 대우를 고려하면 다음과 같다.

대학생은 꿈이 있다. → 꿈이 있는 자는 좌절하지 않는다.

따라서 모든 대학생은 좌절하지 않는다.

27 ②

눈이 오는 날이면 영민이와 혁찬이는 수정이 생각을 하므로, ②는 참이다.

28 ②

오늘은 운동장이 조용하지 않다고 했으므로 오늘은 복도가 더럽지 않으며, 비가 오는 날이 아니다.

29 ①

세 번째 조건에 의하면 정 선생과 강 선생은 국어과 담당도 체육과 담당도 아니므로 수학과와 영어과 담당이 된다. 따라서 이 선생과 최 선생은 국어과와 체육과 중 하나이다. 첫 번째 조건에 의하면 이 선생이 체육과와 영어과 중 한 곳의 담당이며 세 번째 조건에 의해 영어과를 제외한 체육과 담당임을 알 수 있다. 따라서 남은 한 곳인 국어과가 최 선생이 담당하는 교과임을 알 수 있다.

30 ④

주어진 명제를 종합하면 '갑, 을, 병, 무, 정' 순으로 앉아있다.

31 ①

제시문은 연역 논증으로, 대전제 → 소전제 → 대전제에 포함된 결론을 이끌어내는 형식을 갖는다. 따라서 ③이 소전제에 적합하다.

32 ④

C가 B의 조모가 되기 위해서는 D가 B의 부모 중 한 명이어야 하며, B의 어머니는 A이므로 D는 아버지가 된다.

33 ②

결론에 따르면 우택, 영민 외에 한 사람이 더 등장해야 함을 알 수 있다. 또한 우택이가 가장 크기 위해서는 그 한 사람의 키가 우택이보다 작아야 한다.

34 ②

장미를 좋아하는 사람은 감성적이고 감성적인 사람은 노란색을 좋아하므로 장미를 좋아하는 사람은 노란색을 좋아한다.

35 ④

명제를 종합해보면,

	박물관	대형마트	영화관	병원
갑	○	×	×	×
을	×	○	×	×
병	×	×	×	○
정	×	×	○	×

36 ④

④ 석우 누나의 나이는 알 수 없다.

주어진 정보에 따라 나이 순으로 나열하면 유나 → 선호 → 석우(27세) → 강준(25세)이다.

37 ③

조건에 따라 정리하면 다음과 같다.

㉠ 다솜 > 마야＋바울＋사랑

㉡ 마야＋바울＝사랑

㉢ 바울 > 가영＋라임

㉣ 가영 > 나리

㉤ 가영＝라임

㉥ 마야＝바울

따라서 ③은 반드시 거짓이다.

38 ②

조건에 따라 정리하면 다음과 같다.

월	화	수	목	금	토	일
A	C	D	B	E	G 또는 F	F 또는 G
A	C	D	F	B	E	G
A	C	G 또는 F	D	B	E	F 또는 G
A	C	B	E	D	F	G

39 ④

A팀이라면 검정색 상의를 입고, 수비수는 모두 안경을 쓰고 있으므로 ④가 옳다.

40 ②

사색은 진정한 의미에서 예술이고, 예술은 인간의 삶을 풍요롭게 만든다고 했으므로, 사색은 인간의 삶을 풍요롭게 만든다.

41 ⑤

- 세영이는 신촌에 거주한다. (ⓜⓗ)
- 선우는 용산에 거주하지 않고 세영이 신촌에 거주하므로 마포에 거주한다. (ⓗ)
- 진영이는 용산에 거주하며, 미용실은 마포이다. (ⓢ)
- 세영이의 미용실은 용산이다. (ⓡ)

따라서 선우의 미용실이 위치한 곳은 신촌이 된다.

42 ③

C - D - A - B의 순서가 된다. 따라서 가장 먼저 토론을 하는 사람은 C이다.

43 ②

② 배치되는 부서가 확실히 결정되는 사람은 총무부의 F와 G이므로 2명이다.

44 ①

주어진 도형은 첫 번째 열에 있는 도형이 다음 열로 갈수록 90°씩 시계방향으로 회전한다. 또한 두 번째 열에서는 첫 번째 열에서의 도형의 색과 반대로(흰→회, 회→흰) 변경된다.

45 ⑤

주어진 도형은 1행 1열부터 3행 3열의 도형 내부의 삼각형의 색이 하나씩 변화한다. 또한 2행과 3행에서는 좌에서 우로 갈수록 사각형, 원이 추가된다.

46 ②

ⓐ ♥ : 세 번째 자리의 문자를 맨 앞으로 보낸다.
ⓑ ◎ : 문자에 +1212를 더한다.

STCO → CSTO → DUUQ

47 ③

ⓐ ◎ : 문자에 +1212를 더한다.
ⓑ ☆ : 문자를 역순으로 배열한다.

ZMAY → AOBA → ABOA

48 ④

ⓐ ☆ : 문자를 역순으로 배열한다.
ⓑ ♥ : 세 번째 자리의 문자를 맨 앞으로 보낸다.

TEAB → BAET → EBAT

49 ②

제시된 예의 규칙을 파악하면 다음과 같다.

▶ 1행 색 반전
▷ 1행과 2행 교환
➡ 전체 색 반전
⇨ 1열과 2열 교환

1	2
3	4

▶

1′	2′
3	4

▷

3	4
1′	2′

▶

3′	4′
1′	2′

50 ①

1	2
3	4

▶

1′	2′
3	4

⇨

2′	1′
4	3

➡

2	1
4′	3′

제2회 정답 및 해설

✏ **수리영역**

1 ③

고무줄이 3배 늘어났으므로, 0.7cm에서 3배가 늘어난 2.1cm 떨어진 위치에 있게 된다.

2 ④

반	학생수	점수 평균	총점
A	20	70	1,400
B	30	80	2,400
C	50	60	3,000
합계	100		6,800

세 반의 평균을 구하면 $\dfrac{6,800}{100} = 68$(점)

3 ①

11층에서 1층까지 이동 시간 : $5 \times 10 = 50$(초)

홀수 층마다 정지하면서 문이 열리고 닫히는 시간 : $3 \times 4 = 12$(초)

∴ $50 + 12 = 62$(초)

4 ②

하루 당 정훈이가 하는 일의 양은 $\dfrac{1}{30}$,

하루 당 정민이가 하는 일의 양은 $\dfrac{1}{40}$

정민이는 계속해서 24일간 일했으므로 정민의 일의 양은 $\dfrac{1}{40} \times 24$, $1 - \dfrac{24}{40} = \dfrac{16}{40}$이 나머지 일의 양인데 정훈이가 한 일이므로

나머지 일을 하는데 정훈이가 걸린 시간은

$\dfrac{16}{40} \div \dfrac{1}{30} = 12$

∴ 정훈이가 쉬었던 날은 $24 - 12 = 12$(일)

5 ②

10%의 소금물의 무게를 x, 5%의 소금물의 무게를 $300 - x$라고 할 때,

$\dfrac{0.1x + 0.05(300 - x)}{300} = \dfrac{8}{100}$

$x = 180$

∴ 10% 소금물 180g, 5% 소금물 120g을 섞으면 8% 소금물 300g을 만들 수 있다.

6 ②

지난 주 판매된 A 메뉴를 x, B 메뉴를 y라 하면

$\begin{cases} x + y = 1,000 \\ x \times (-0.05) + y \times 0.1 = 1,000 \times 0.04 \end{cases}$

두 식을 연립하면 $x = 400$, $y = 600$

따라서 이번 주에 판매된 A 메뉴는
$x \times 0.95 = 400 \times 0.95 = 380$명분이다.

7 ②

규민이의 하루 일의 양은 $\dfrac{1}{6}$

영태의 하루 일의 양은 $\dfrac{1}{10}$

둘이 함께 할 때 하루 일의 양은 $\dfrac{1}{6} + \dfrac{1}{10} = \dfrac{8}{30}$

일하는 일수를 x라 하면 $\dfrac{8}{30}x = \dfrac{8}{10}$

$\therefore \ x = \dfrac{8}{10} \times \dfrac{30}{8} = 3(일)$

8 ②

12시부터 1시 20분까지는 80분이며 10분 간격으로 전화벨이 울린다. 처음 12시에 1번 울리고 이후에 8번이 울리므로 총 9번이 울린다.

9 ④

① 소득이 감소할 때 소비 지출을 줄이겠다고 응답한 사람은 농촌보다 도시에서, 나이가 적을수록 높게 나타난다.

②④ 지출을 줄이겠다고 응답한 사람들의 항목별 비율에서는 문화 여가비, 외식 관련 지출을 줄이겠다고 응답한 사람들의 비율이 높은 반면, 통신비 지출을 줄이겠다는 사람들은 지역과 연령에 관계없이 가장 적게 나타나고 있다.

③ 50대는 소득이 감소하면 문화 여가비를 줄이려는 경향이 크게 나타난다.

⑤ 지출을 줄일 수 없다는 응답은 30대에서 가장 높게 나타난다.

10 ⑤

2020년 도시의 주택 보급률이 전국의 주택 보급률 96.5%보다 낮은 89.6%라는 사실로 볼 때 농어촌의 주택 보급률이 도시의 주택 보급률보다 높다고 할 수 있다. 따라서 도시 주택의 가격이 농어촌 주택의 가격보다 상승 가능성이 더 높다고 할 수 있다.

① 2020년 전국 일반 가구 수는 14632가구, 1985년은 5,575가구이므로 2배 이상이다.

- 2020년 전국 일반 가구 수 :
  $\dfrac{14,120}{0.965} = 14632.12 \cdots ≒ 14,632$

- 1985년 전국 일반 가구 수 :
  $\dfrac{4,360}{0.782} = 5575.447 \cdots ≒ 5,575$

11 ④

2010년에 비해 2020년에 대리의 수가 늘어난 출신 지역은 서울·경기, 강원, 충남 3곳이고, 대리의 수가 줄어든 출신 지역은 충북, 경남, 전북, 전남 4곳이다.

12 ⑤

㉠ 청년층 중 사형제에 반대하는 사람 수(50명) > 장년층에서 반대하는 사람 수(25명)

㉡ B당을 지지하는 청년층에서 사형제에 반대하는 비율
$\dfrac{40}{40+60} = 40\%$

B당을 지지하는 장년층에서 사형제에 반대하는 비율
$\dfrac{15}{15+15} = 50\%$

㉢ A당은 찬성 150, 반대 20, B당은 찬성 75, 반대 55의 비율이므로 A당의 찬성 비율이 높다.

㉣ 청년층에서 A당 지지자의 찬성 비율
$\dfrac{90}{90+10} = 90\%$

청년층에서 B당 지지자의 찬성 비율
$\dfrac{60}{60+40} = 60\%$

장년층에서 A당 지지자의 찬성 비율
$\dfrac{60}{60+10} ≒ 86\%$

장년층에서 B당 지지자의 찬성 비율
$\dfrac{15}{15+15} = 50\%$

따라서 사형제 찬성 비율의 지지 정당별 차이는 청년층보다 장년층에서 더 크다.

13 ②

$100 - (60 + 15 + 5) = 20(\%)$

14 ④

지원자 수 $= 400 \times 0.11 = 44(\text{명})$

44명 중 30명이 취업했으므로 그 비율은

$\dfrac{30}{44} \times 100 \fallingdotseq 68(\%)$

15 ①

• 주당 운동시간이 3시간 미만의 1학년 인원수 :
  $118 + 261 + 256 = 635$명

• 주당 운동시간이 3시간 이상의 3학년 인원수 :
  $266 + 287 = 553$명

16 ①

$\dfrac{647,314 - 665,984}{665,984} \times 100 \fallingdotseq -2.8$

17 ⑤

① 학비지원 :
  $\dfrac{877,020 - 1,070,530}{1,070,530} \times 100 \fallingdotseq -18.1(\%)$

② 정보화 지원 :
  $\dfrac{64,504 - 62,318}{62,318} \times 100 \fallingdotseq 3.5(\%)$

③ 농어촌학교 교육여건 개선 :
  $\dfrac{71,211 - 77,334}{77,334} \times 100 \fallingdotseq -7.9(\%)$

④ 교과서 지원 :
  $\dfrac{288,405 - 260,218}{260,218} \times 100 \fallingdotseq 10.8(\%)$

⑤ 학력격차 해소 :
  $\dfrac{83,622 - 59,544}{59,544} \times 100 \fallingdotseq 40.4(\%)$

18 ②

$18,000 + 25x > 40,000$

$25x > 22,000$

$x > 880$

880보다 많아야하므로 최소 881통화를 해야 한다.

19 ①

① 스팸에 관한 상담 건수는 2월, 7월, 8월에는 감소하였다.

20 ③

$\dfrac{487}{49,560} \times 100 \fallingdotseq 0.98(\%)$

21 ②

② 희극과 비극은 희곡의 하위어이다.

①③④⑤ 같은 상위어를 가지는 단어들의 나열로 이루어져 있다.

22 ⑤

①②③④ 부분과 전체의 관계를 가지는 단어들이다.

23 ③

통합과 합병은 동의어 관계이며, 애도는 사람의 죽음을 슬퍼함을 의미한다.

③ 애상(哀傷)은 죽은 사람을 생각하며 마음이 상함을 의미한다.

24 ④

자판기가 있으면 점원은 없어도 된다. 마찬가지로 공리가 있으면 증명은 없어도 된다.

※ 공리 … 증명을 할 수 없거나, 증명할 필요가 없는 자명한 진리

25 ④

① 바다와 육지

② 깊은 바다에 있는 길고 좁은 산맥 모양의 솟아오른 부분

③ 바다 속에서 나는 풀을 통틀어 이르는 말

④ 바다의 밑바닥

⑤ 바다와 육지가 맞닿은 부분

26 ③

A는 2호선을 이용하였고, D는 1호선, B와 D는 같은 호선을 이용하였으므로 B도 1호선을 이용한 것이다. F와 G는 같은 호선을 이용하지 않았으므로 둘 중 한 명은 1호선이고 나머지는 2호선을 이용한 것이 된다. 1호선은 3명이 이용하였으므로 B, D, (F or G)가 된다.

	A	B	C	D	E	F	G
1호선	×	○	×	○	×	○ or ×	○ or ×
2호선	○	×	○	×	○	○ or ×	○ or ×

27 ④

②③ 병이 을과 정 앞에 있을 수도 있고, 사이에 있을 수도 있다. 또한, 가장 뒤에 있을 수도 있으므로 을, 병, 정의 위치는 주어진 조건만으로는 파악할 수 없다.

④ 주어진 조건으로는 '갑 > 을 > 정, 갑 > 병'만 알 수 있다. 이를 통해 갑이 을, 정, 병보다 앞에 있음을 확인할 수 있다.

28 ②

사과를 좋아함 → 수박을 좋아함 → 배를 좋아함 → 귤을 좋아함

29 ④

'더위를 잘 타는 축구선수가 있다'는 '어떤 축구선수는 더위를 잘 타지 않는다.'의 대우명제이므로 참이 된다.

30 ②

조건에 따라 순번을 매겨 높은 순으로 정리하면 BDAEC가 된다.

따라서 두 번째로 높은 사람은 D가 된다.

31 ③

③ 창의적인 사람은 우유부단하지 않고, 우유부단한 사람은 창의적이지 않으므로(대우) 창의적이면서 동시에 우유부단한 사람은 없다.

32 ③

은우=운동 잘 함 → 적극적인 성격 → 인기 많음

33 ④

①⑤ 2동과 4동은 빨간색과 보라색 건물과 연결되어 있으므로 노란색과 초록색으로 칠해야 한다. 두 동 또한 연결되어 있으므로 2동이 노란색이면 4동은 초록색이어야 한다.

② 5동은 1동에만 연결되어 있으므로 빨간색 이외의 모든 색을 칠할 수 있다

③ ①과 ②에 의해 알 수 있는 내용이다. 2동과 4동을 칠하는 방법은 2개의 경우의 수를 갖고, 5동을 칠하는 방법은 4개의 경우의 수를 가지므로 총 8가지 방법으로 건물을 칠할 수 있다.

④ 2동과 4동은 무조건 노란색과 초록색을 사용해야 하므로 건물은 적어도 4개의 색을 사용해서 칠할 수 있다.

34 ⑤

제시된 결론이 반드시 참이 되기 위해서는 호랑이와 수학에 관한 명제가 추가되어야 한다. ⑤를 대입하면 모든 호랑이는 수학을 잘하며 어떤 호랑이는 영어를 잘하므로 어떤 호랑이는 수학과 영어를 모두 잘한다.

35 ④

상상력이 풍부하지 않은 사람은 미술을 좋아하지 않는다. → 미술을 좋아하지 않는 사람은 예술적인 사람이 아니다.

따라서 상상력이 풍부하지 않은 사람은 예술적이지 않다.

36 ②

D	F	E	–	
				엘리베이터
B	A	C	G	

37 ③

조건에 따라 순서에 맞게 정리하여 보면 B → E → [D → A → G] → F → H → C

여기서 [] 안의 세 명의 순위는 바뀔 수 있다.

① A의 순위는 4위 또는 5위가 될 수 있다.

② H보다 늦게 골인한 사람은 C 1명이다.

③ D는 3, 4, 5위를 할 수 있다.

④ G는 3위가 될 수 있다.

38 ①

① 을이 찬성한다면 병과 정은 반대하고, 기와 경은 찬성한다. 또 신이 찬성이라면 갑도 찬성인데 그렇게 되면 찬성 인원이 4명보다 많아지므로 신은 반대하고, 무도 반대하므로 갑은 찬성이 된다.

A조	갑	을	병	정
	찬성	찬성	반대	반대
B조	무	기	경	신
	반대	찬성	찬성	반대

39 ①

©의 조건에 의해 민정이가 심부름을 가면 상원이는 심부름을 가게 되는데 이는 ②의 조건과 모순이 생기므로 민정이는 심부름을 가지 않는다. 따라서 민정이가 심부름을 가게 되는 조건을 모두 배제하면 함께 심부름을 갈 수 있는 조합은 재오, 상원뿐이다.

40 ③

©②에 의해 관주-금주-한주-평주 순서임을 알 수 있다. 그리고 ②◎ⓑ에 의해 을-병-갑-정의 순서임을 알 수 있다.

41 ③

갑이 거짓을 말한다고 가정하면 을 역시 거짓을 말하는 것이고 따라서 병은 진실, 정은 거짓을 말하는 것이 된다. 또, 갑이 참을 말한다고 가정하면 갑, 을, 정이 참, 병은 거짓을 말하는 것이 된다. 조건에서 B국 사람은 한 명이라고 했으므로 참을 말한 B국 사람은 병이다.

42 ④

C에 1순위를 부여한 사람은 없으므로 가능한 순위 조합은 (A-B-C), (A-C-B), (B-A-C), (B-C-A)이다.

© (A-B-C)∪(B-A-C)∪(B-C-A) = 25
∴ (A-C-B) = 5

③ (A-B-C)∪(A-C-B) = 18 ∴ (A-B-C) = 13

© (B-C-A) = 10 ∴ (B-A-C) = 2
∴ C에 3순위를 부여한 사람은 15명이다.

43 ①

갑 : 총기허가증이 없으므로 사냥총을 사용해서는 안 된다. 사냥총 사용 여부를 조사해야 한다.

을 : 사냥총을 사용하고 있으므로 총기허가증이 꼭 있어야 한다. 총기허가증의 유무를 조사해야 한다.

병 : 사냥총을 사용하고 있지 않으므로 총기허가증이 있는지 확인하지 않아도 된다.

정 : 총기허가증이 있으므로 사냥총을 사용해도 된다.

44 ⑤

주어진 도형은 1열과 2열의 사각형 내부의 도형의 꼭지점 개수를 합하여 3열의 도형 꼭지점 개수를 구한다. 1열과 2열의 도형 중 색이 있는 도형이 있을 때는 그 색을 따른다.

?가 있는 행의 3열의 도형은 색이 있는 육각형이므로 ?에는 색이 있는 삼각형이 오는 것이 적절하다.

45 ①

주어진 도형 내부의 한글 자음은 순서대로 +1씩 변하며, 알파벳은 순서대로 +2씩 변화하는 규칙을 가지고 있다.

46 ①

① 삐뚤어질테다 → 삐뚤어질테다T → T뚤어질테다삐의 과정을 거친다.

③ ◖ : 맨 앞자리 문자와 맨 끝자리 문자의 순서를 바꾼다.

© ◣ : 맨 끝자리 문자를 삭제한다.

© ◎ : 맨 앞자리 문자를 삭제한다.

② ⊙ : 맨 끝자리에 T를 더한다.

47 ④

   ④ ANSWER → NSWER → NSWE → ESWN의 과정
   을 거친다.

48 ④

   ④ CHAPTER → RHAPTEC → RHAPTECT →
   RHAPTEC → HAPTEC의 과정을 거친다.

49 ④

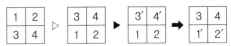

50 ③

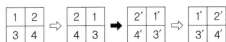

제 3 회 정답 및 해설

✏ **수리영역**

1 ①

A지점에서 B지점까지 걸린 왕복 거리 : $150 \times 2 = 300\,(\text{km})$

A지점에서 B지점까지 걸린 왕복 시간 : $\dfrac{300}{75} = 4\,(\text{시간})$

갈 때 100km/h로 운전하였고 올 때의 속력을 x라고 하면

$$\frac{150}{100} + \frac{150}{x} = 4$$

$$\frac{150x + 15{,}000}{100x} = 4$$

$$250x = 15{,}000$$

$$\therefore \ x = 60$$

2 ③

소금의 양 = 소금물의 양 × 농도,

$x = 12\%$ 소금물의 양, $(425 - x) = 4\%$ 소금물의 양

농도가 각각 12%, 4%인 소금물을 섞었을 때 425g의 소금물이 되었는데 물 25g을 더 넣었으므로 농도가 10%인 소금물의 양은 450g이라는 것을 알 수 있다. 따라서 다음과 같은 식이 성립된다.

$$\frac{0.12x + 0.04(425 - x)}{425 + 25} \times 100 = 10$$

$$\therefore \ 1.2x + 0.4(425 - x) = 450$$

$$12x + 1700 - 4x = 4500$$

$$8x = 2800$$

$$x = 350$$

3 ②

월 납입액을 a, 월이율을 r, 납입 월수를 n이라고 할 때 원리합계를 계산하면

$$S_n = \frac{a(r^n - 1)}{r - 1} = \frac{20(1.02^{24} - 1)}{1.02 - 1} = \frac{20(1.3^2 - 1)}{0.02}$$

$$= \frac{20 \times 0.69}{0.02} = 690$$

철수가 2011년 12월말까지 모은 금액은 690만 원이다.

4 ③

$r = 0.1$

$a = 10{,}000$

$$S = \frac{10{,}000\left(1 + \dfrac{1}{10}\right)\left\{\left(1 + \dfrac{1}{10}\right)^{10} - 1\right\}}{\dfrac{1}{10}}$$

$$= \frac{(10{,}000 + 1{,}000)\left\{\left(\dfrac{11}{10}\right)^{10} - 1\right\}}{\dfrac{1}{10}}$$

$$= \frac{11{,}000 \times 1.6}{\dfrac{1}{10}} = 176{,}000$$

5 ①

$$42{,}000 \times \frac{3}{7} = 18{,}000\text{원}$$

따라서 미영이가 구매할 수 있는 연필은
$18{,}000 \div 2{,}000 = 9$자루이다.

6 ②

엄마가 하루에 하는 일의 양 : x

언니가 하루에 하는 일의 양 : y

엄마가 일을 마치는데 걸리는 날짜 : a

$4x = 8y$

$y = \dfrac{x}{2}$

$4y + ax = 8y$

$ax = 8y - 4y = 4y$

$ax = \dfrac{4x}{2} = 2x$

$a = 2$

따라서 2일이 걸린다.

7 ③

$A - 3 = 3(B - 3)$

$A + 3 = 2(B + 3)$

두 식을 연립하면 $6 = -B + 15$이므로 $B = 9$가 된다. B의 값을 대입하면 $A = 21$이 되므로 A와 B 나이의 합은 $9 + 21 = 30$이다.

8 ②

첫 번째 주사위가 빨간색일 확률 $\dfrac{2}{5}$, 두 번째 주사위가 빨간색일 확률 $\dfrac{1}{4}$, 두 주사위의 합 총 36가지 중 눈의 합이 10일 확률 $\dfrac{6}{36}$을 모두 곱하면 $\dfrac{2}{5} \times \dfrac{1}{4} \times \left(\dfrac{6}{36}\right) = \dfrac{1}{60}$

9 ②

② $\dfrac{19,608}{38,978} \times 100 = 50.3\%$로 50%를 넘는다.

① 2018년 대만의 국민총소득은 전년대비 감소했다.

③ 2020년 전년대비 국민총소득의 증가율은 $\left(\dfrac{1,288 - 1,184}{1,184}\right) \times 100 = 8.8\%$로 호주가 가장 높다.

④ 2016년 캐나다 국민총소득의 10배는 18,140억 달러로 미국의 국민총소득보다 많다.

⑤ 2018년 국민총소득이 세 번째로 낮은 국가는 호주이다. 한국은 네 번째이다.

10 ③

○○도시 도서관시설 정비예산은 총 1,000,000,000원

○○도시 A, B, C 지역이 총 출입건수는

$3,000 + 4,500 + 2,500 = 10,000$건

출입건당 책정예산을 구하면

$1,000,000,000 \div 10,000 = 100,000$원

A지역 출입건수 예산

$= 3,000 \times 100,000 = 300,000,000$원

B지역 출입건수 예산

$= 4,500 \times 100,000 = 450,000,000$원

C지역 출입건수 예산

$= 2,500 \times 100,000 = 250,000,000$원

따라서 주민 1인당 책정되는 예산

A지역 $= 300,000,000 \div 30,000 = 10,000$원

B지역 $= 450,000,000 \div 50,000 = 9,000$원

C지역 $= 250,000,000 \div 40,000 = 6,250$원

11 ②

'소득=총수입−경영비'이므로 2017년의 경영비는 $974,553 - 541,450 = 433,103$원이 된다.

또한, '소득률 = (소득÷총수입)×100'이므로 2016년의 소득률은 $429,546÷856,165×100=$약 50.2%가 된다.

12 ⑤

2013년의 휴직 합계
$= 465+1,188+6,098+558+1,471+587+752$
$= 11,119$

따라서 2013년 휴직 사유 중 간병이 차지하는 비율
$= \dfrac{558}{11,119}×100 = 5.01 \cdots 5.0\%$

13 ④

④ 2016년 휴직의 사유 중 간병이 질병의 비중보다 높다.

14 ①

㉠ 실시율이 40% 이상인 어린이집 특별활동프로그램은 음악, 체육, 영어 3개이고, 유치원 특별활동프로그램은 음악, 체육, 영어 3개로 동일하다.

㉡ 영어$= \dfrac{6,687}{26,749} = 0.25$, 음악$= \dfrac{2,498}{19,988} = 0.12$이므로 영어가 더 높다.

㉢ 어린이집 : 영어 > 체육 > 음악 > 미술 > 교구 > 한글 > 과학 > 수학 > 서예 > 컴퓨터 > 한자

유치원 : 영어 > 체육 > 음악 > 미술 > 과학 > 한글 > 수학 > 교구 > 한자 > 서예 > 컴퓨터

㉣ 실시율$= \dfrac{\text{실시 수}}{\text{전체 수}}$로 계산하면 되므로 어린이집의 경우 과학 6.0이고 한자가 0.5이므로 한자의 12배가 많을 것이다. $213×12 = 2,556$

유치원의 경우 과학은 27.9, 서예는 0.6인데 서

예의 실시율을 가지고 전체 실시 유치원 수를 구하면 $\dfrac{51}{0.006} = 8,500$개, 여기에 30%를 구하면 $8,500×0.3 = 2,550$

27.9에 해당하면 더 작을 것이므로 어린이집의 과학 실시기관의 수가 더 많다.

15 ③

현재까지의 판매이익을 계산해 보면
- 아메리카노$= (3,000-200)×5 = 14,000$
- 카페라테$= (3,500-500)×3 = 9,000$
- 바닐라라테$= (4,000-600)×3 = 10,200$
- 카페모카$= (4,000-650)×2 = 6,700$
- 캐러멜마키아토$= (4,300-850)×6 = 20,700$

총 합계가 60,600원이므로 3,400원이 모자라므로 바닐라라테를 1잔 더 팔면 된다.

16 ⑤

위 표는 1사분기 매출이므로 2019년 한 해의 매출을 예상하기 위해 각 기업 매출액×4를 해주어야 한다. 매출액×4>30조가 되는 기업은 A, B, C, D로 총 4개이다.

17 ③

OECD(36개국)에서 순위는 2014년부터 현재까지 하위권이라 볼 수 있다.

18 ③

㉠ $3{,}026 - 1{,}144 - 1{,}258 - 371 = 252$

㉡ 감소의 응답자수를 알아야 변동 없음의 비율을 알
수 있다. 감소의 응답자수는

$252 \times 0.167 = 42.084$명,

따라서 변동 없음의 응답자 수는

$252 - 42.084 = 209.916$명이므로

$\dfrac{209.916}{252} \times 100 = 83.3$이다.

㉢ 감소와 증가의 응답자수를 알아야 병동 없음의
비율을 알 수 있다. 증가와 감소의 응답자수는

$3{,}026 \times 0.268 = 810.968$명, 따라서 변동 없음의
응답자 수는 $3{,}026 - 810.968 = 2{,}215.032$명이

므로 $\dfrac{2215.032}{3{,}026} \times 100 = 73.2$이다.

19 ④

④ 5~7천만 원 미만 부터는 감소 응답 비율이 낮아
지고 있지만 7천~1억 원 미만, 1억 원 이상 또
한 감소 응답 비율이 5 ~ 7천만 원 보다 낮으므
로 틀린 말이다.

① 20대 이하 : $371 \times 0.012 = 4.452 ≒ 4.5$명

30 ~ 40대 : $1{,}258 \times 0.006 = 7.548 ≒ 7.5$명

50 ~ 60대 : $1{,}144 \times 0.004 = 4.576 ≒ 4.6$명

70대 이상 : $252 \times 0 = 0$명

② 1 ~ 3천만 원 변동없음 응답자수 수 :

$701 \times 0.771 = 540.471 ≒ 540.5$명,

1 ~ 3천만 원 감소 응답자수 수 :

$701 \times 0.221 = 154.921 ≒ 154.9$명

$540.5 \div 154.9 = 3.489 \cdots$ 이므로 세배 이상이다.

③ 증가 응답비율은 모두 2%를 넘지 않는다.

20 ③

각 원의 중심점을 찍어 〈조건〉의 내용을 비교한다.

• 조건㉠ : 전체 직원이 가장 많은 부서는 중심점이 최
우측에 위치한 자재팀이고, 가장 적은 부서는 구매
팀이다.

• 조건㉡ : 예산규모가 가장 큰 부서는 원의 크기가 가
장 큰 총무팀이며, 가장 작은 부서는 법무팀이다.

• 조건㉢ : 전체직원수 대비 간부직원수의 비율은 각
원의 중심점과 그래프의 0점을 연결하여 비교한다.
비율이 가장 높은 부서는 연결선의 기울기가 가장
큰 법무팀이고, 가장 낮은 부서는 기울기가 가장
낮은 홍보팀이다.

조건에 따라 살펴볼 때, 두 번 이상 해당되는 부서는
법무팀이다.

21 ②

② 칠순과 희수는 70세를 나타내고, 산수는 80세를 나타낸다.

① 절기의 순환

③ 계절의 순환

④ 요일의 순환

⑤ 60개의 간지의 순환

22 ②

①③④⑤는 유의관계

① **사면초가** : 적에게 둘러싸인 상태나 누구의 도움을 받을 수 없는 상태

   진퇴양난 : 물러설 수 없는 궁지에 빠짐

② **경거망동** : 도리나 사정을 생각하지 않고 경솔하게 행동함

   삼복백규 : 백규를 세 번 반복 한다는 말로, 말을 신중하게 함

③ **백골난망** : 남에게 큰 은혜나 덕을 입었을 때 고마움을 표시하는 말

   결초보은 : 죽어 혼이 되더라도 입은 은혜를 잊지 않고 갚음

④ **호사다마** : 좋은 일에는 방해가 되는 일이 많음

   새옹지마 : 인생의 길흉화복은 늘 바뀌어 변화가 많음

⑤ **반포지효** : 자식이 자라서 부모를 봉양함

   혼정신성 : 자식이 아침저녁으로 부모의 안부를 물어 살핌

23 ①

②③④⑤ 남의 아버지, 어머니, 딸을 높여 부르는 의미를 담고 있다.

① **가친(家親)** : 남에게 자기 아버지를 높여 이르는 말이다.

24 ②

일본의 화폐 단위는 '엔'이며, 태국의 화폐 단위는 '바트'이다.

25 ①

가결(제출된 의안을 좋다고 인정하여 결정함)의 반의어는 부결(의론하는 안건에 대해 옳지 않다고 하는 결정)이고, 좌절(마음이나 기운이 꺾임)의 반의어는 관철(어려움을 뚫고 나아가 목적을 기어이 이룸)이다.

26 ③

A마을에 사는 어떤 사람도 농사를 짓지 않는 사람은 없다는 것은 A마을의 모든 사람이 농사를 짓는다는 것과 같은 말이므로 '농사를 짓는 어떤 사람은 채식주의자이다'는 반드시 참이다.

27 ④

각각의 대우를 구하면 '공포영화를 좋아하지 않는 사람은 멜로영화를 좋아한다.'와 'SF영화와 다큐영화를 좋아하지 않는 사람은 멜로영화를 좋아하지 않는다.'가 된다. 따라서 명제를 종합하면 'SF영화와 다큐영화~ → 멜로영화~ → 공포영화', '공포영화~ → 멜로영화 → SF영화 또는 다큐영화'가 된다.

28 ③

경제가 어려워지거나 부동산이 폭락한다고 했는데 부동산이 폭락한 것은 아니므로, 경제가 어려워진다. 두 번째 조건의 대우에 의하면 긴축정책을 시행하면 물가가 오르지 않는다. 경제가 어려워진다면 긴축정책이 시행되고, 긴축정책을 시행하면 물가가 오르지 않는다.

29 ④

가위바위보를 해서 모두 이기면 $30 \times 5 = 150$점이 된다.

여기서 한 번 비기면 총점에서 4점이 줄고, 한 번 지면 총점에서 6점이 줄어든다.

만약 29번 이기고 1번 지게 되면
$(29 \times 5) + (-1) = 144$점이 된다.

즉, 150점에서 -6, 또는 -4를 통해서 나올 수 있는 점수를 가진 사람만이 참말을 하는 것이다.

정의 점수 140점은 1번 지고, 1번 비길 경우 나올 수 있다.

$(28 \times 5) + 1 - 1 = 140$

30 ④

단식을 하는 날 전후로 각각 최소 2일간은 정상적으로 세 끼 식사를 하므로 2주차 월요일에 단식을 하면 전 주 토요일과 일요일은 반드시 정상적으로 세 끼 식사를 해야 한다. 이를 바탕으로 조건에 따라 김 과장의 첫 주 월요일부터 일요일까지의 식사를 정리하면 다음과 같다.

월	화	수	목	금	토	일
○		○	○	○	○	○
○		○	○		○	○
○	○	○	○		○	○

31 ③

궤변론자는 논쟁을 두려워한다(③의 대우).

논쟁을 두려워하는 사람은 실력 있는 사람이 아니다 (전제1의 대우).

따라서 궤변론자들은 실력 있는 사람이 아니다.

32 ③

'직무교육을 받은 어떤 사원은 업무능력이 좋다'는 결론이 나오려면 사원은 직무교육을 받는다는 전제가 있어야 한다. 가장 적절한 것은 ③이다.

33 ③

전제1의 대우는 '살아있는 생물이 아닌 것은 죽지 않는다.'가 된다. 따라서 '돌은 죽지 않는다.'가 결론이 되기 위해 '돌은 살아있는 생물이 아니다' 또는 이의 대우인 '살아있는 생물은 돌이 아니다'가 되어야한다.

34 ①

'낭만적이지 않은 어떤 사람'이라는 결론이 나오기 위해서는 '낭만적이지 않은 사람'에 대한 개념이 있어야 하므로 ①이 적절하다.

35 ⑤

D, E / A

B / A

C / D

C의 집이 가장 처음은 아니므로, E가 가장 처음이 된다(E / C / D / B / A).

36 ①

주어진 정보들 중 집의 위치가 확실한 정보(ㅂ, ㅅ)부터 표에 적고, 표에 적혀 있는 정보를 토대로 하나씩 적어보면 집의 위치와 직업, 애완동물을 모두 정확하게 알 수 있다.

노란 집	파란 집	빨간 집	초록 집
갑동	정무	을숙	병식
서비스직	기술직	영업직	사무직
고양이	강아지	새	?

∴ 주어진 정보로는 병식이가 무슨 애완동물을 키우는지 알 수 없으므로 네 사람 중 한사람이 거북이를 키운다면 거북이를 키우는 사람은 병식이가 된다. 병식이는 사무직에 종사하고 있다.

37 ③

갑동 – 서비스직, 을숙 – 영업직, 병식 – 사무직, 정무 – 기술직

38 ④

A가 진실을 말하면 D의 진술도 진실이며, B가 진실을 말하면 C의 진술도 진실이다.

그러므로 A, D와 B, C를 묶어서 생각해야 하며, 3명이 진실을 말하고 있으므로 나머지 E는 무조건 진실이다.

E가 참외를 훔쳐가는 범인을 본 사람이 2명이라고 했으므로 B의 말은 거짓이며 C의 말도 거짓이 된다.

모두의 진술을 종합했을 때 E, A, C, B가 범인이 아니라는 것을 알 수 있으므로 범인은 D가 된다.

39 ①

조건들을 만족하여 세 줄에 앉는 직원은 다음과 같다. 따라서 첫 줄에 앉은 직원 중 빈자리 옆에 앉을 수 있는 사람은 태연 또는 남은 윤아다.

첫 줄	태연		
중간 줄	유나	솔지	빈자리
마지막 줄	영미	예원	봉선

40 ②

- 甲이 착한 호랑이일 경우, 곶감의 위치를 안다고 말한 乙, 丁, 戊는 모두 나쁜 호랑이가 되고 丙만 착한 호랑이가 되는데, 丙이 착한 호랑이일 경우 甲이 거짓말을 하는 것이 되므로 모순된다.

- 乙이 착한 호랑이일 경우, 곶감의 위치를 안다고 말한 甲, 丁, 戊는 모두 나쁜 호랑이가 된다. 丙이 착한 호랑이이며, 곶감은 소쿠리에 있다.

- 丙이 착한 호랑이일 경우, 甲은 반드시 나쁜 호랑이가 되고 곶감은 아궁이가 아닌 꿀단지나 소쿠리에 있게 된다. 곶감이 꿀단지에 있다고 하면 丙과 戊가 착한 호랑이가 되고, 곶감이 소쿠리에 있다면 丙과 乙 또는 丁이 착한 호랑이가 된다.

- 丁이 착한 호랑이일 경우, 곶감의 위치를 안다고 말한 甲, 乙, 戊는 모두 나쁜 호랑이가 된다. 丙이 착한 호랑이이며, 곶감은 소쿠리에 있다.

- 戊가 착한 호랑이일 경우, 곶감의 위치를 안다고 말한 甲, 乙, 丁은 모두 나쁜 호랑이가 된다. 丙이 착한 호랑이이며, 곶감은 꿀단지에 있다.

따라서 보기 중 가능한 조합은 ②이다.

41 ⑤

제시된 내용을 바탕으로 6명의 휴가 기간을 유추하면 다음과 같다. 차장과 대리의 휴가 기간은 겹칠 수 없으므로 ⑤가 정답이다.

	1주	2주	3주	4주	5주	6주
전무	X		휴가			X
상무	휴가					
부장						
차장					휴가	
과장		휴가				
대리		휴가				

42 ③

- 그래가 제일 먼저 여행할 국가는 영국이다.
- 영국에 간다면 프랑스에는 가지 않는다. → ⓒ의 대우
- 그래는 독일에 간다. (프랑스에 가지 않으므로)
- 그래가 독일에 간다면 스위스에 간다. → ⓔ의 대우
- 그래는 독일에 가고 이탈리아에 간다.

따라서 그래가 가게될 국가는 영국, 독일, 스위스, 이탈리아이다.

43 ④

젊은이의 진술이 진실이라면 노파와 할아버지의 진술은 거짓이고, 젊은이의 진술이 거짓이라면 노파와 할아버지의 진술은 진실이다. 따라서 젊은이가 원주민이면 노파와 할아버지는 이주민이고, 젊은이가 이주민이면 노파와 할아버지는 원주민이다.

44 ③

색칠된 네모 칸이 시계 방향으로 한 칸씩 이동하고 있다. 따라서 '?'에 들어가는 도형은 ③이 된다.

45 ①

1열과 3열의 도형이 겹쳐서 2열의 도형이 된다.

46 ③

☆ +1 +1 +1 +1

★ −2 −2 −2 −2

◇ 1234 → 4321

◆ 1234 → 2143

ㄱ	ㄴ	ㄷ	ㄹ	ㅁ	ㅂ	ㅅ	ㅇ	ㅈ	ㅊ	ㅋ	ㅌ	ㅍ	ㅎ
1	2	3	4	5	6	7	8	9	10	11	12	13	14

A	B	C	D	E	F	G	H	I	J	K	L	M
1	2	3	4	5	6	7	8	9	10	11	12	13
N	O	P	Q	R	S	T	U	V	W	X	Y	Z
14	15	16	17	18	19	20	21	22	23	24	25	26

ㅊㅎHP → ㅇㅌFN → NFㅌㅇ

47 ①

UKㄱㅊ → KUㅊㄱ → LVㅋㄴ

48 ③

ㅁHㄷI → ㅂIㄹJ → IㅂJㄹ → GㄹHㄴ

49 ④

★ 시작에 S추가 2F3G→S2F3G

● 1234 → 4321

□ 마지막 문자 제거 SDF3 → SDF

○ 시작 문자와 마지막 문자 교체 SEGD → DEGS

ㄷㄹ8C → Sㄷㄹ8C → Cㄷㄹ8S(○) → Cㄷㄹ8

50 ⑤

23Tㅁ → 23Tㅁ(없음) → ㅁ3T2 → 2T3ㅁ

제4회 정답 및 해설

✏ 수리영역

1 ⑤

기차의 길이를 x라고 할 때 '속력 = 거리/시간' 이므로

$$\frac{5,800+x}{2}=\frac{4,300+x}{1.5}$$

$$8,700+1.5x=8,600+2x$$

$$\therefore\ x=200m$$

2 ④

마지막 남은 시간동안의 속력을 시속 $x$km라 하면

이 사람이 달린 총거리는 $8\times\frac{1}{6}+15\times\frac{1}{12}+x\times\frac{1}{4}$

가 된다. 이는 30분 동안 평균 시속 20km로 달린 것과 동일하므로

$$8\times\frac{1}{6}+15\times\frac{1}{12}+x\times\frac{1}{4}=20\times\frac{1}{2}=10\text{이다.}$$

따라서 방정식의 해를 구하면

$x=29.666\cdots\ \to 29.7$ 이 된다.

이때 계산은 km와 시각로 했으므로 29.7km/h가 된다.

3 ①

B의 농도는 x

A의 농도는 $(1+0.2)x=1.2x$

C의 농도는 $(2.4x-x)\times\frac{80}{100}=1.4x\times0.8=1.12x$

$x<1.12x<1.2x$이므로 B<C<A

4 ④

처음 소금의 양이 40g, 농도가 5%이므로 소금물의 양을 x라 하면 $\frac{40}{x}\times100=5\cdots\ x=800$이 된다.

여기에 첨가한 소금물 속 소금의 양을 y라 하면 최종 소금물의 농도가 7이므로

$$\frac{40+y}{800+40}\times100=7\cdots\ y=18.8\text{이 된다.}$$

따라서 추가한 소금물의 농도는 $\frac{18.8}{40}\times100=47\%$

가 된다.

5 ①

판매가의 이익은 $150\times0.4=60$이고, 150개 판매했으므로 $60\times150=9,000$(원)이다.

판매가에서 2할 할인가격은

$150(1+0.4)(1-0.2)=168$(원)

원가와의 차익은 $168-150=18$(원)

나머지 판매에서 얻은 이익은 $18\times50=900$(원)

$\therefore$ 총 이익은 $9,000+900=9,900$(원)

6 ②

A의 시간당 능력은 $\frac{100}{6}$, B의 시간당 능력은 $\frac{100}{9}$

100개를 제조하는데 걸린 시간을 t라고 하면

$$\left(\frac{100}{6}\times0.8+\frac{100}{9}\times0.8\right)\times t$$

$$\frac{600+400}{36}\times0.8t=100\text{에서 }t=4.5$$

$\therefore$ 4시간 반

7 ①

서로 다른 주사위 2개를 던졌으므로 나올 수 있는 경우의 수는 $6 \times 6 = 36$이 된다.

이때 한 주사위의 수가 다른 주사위 수의 약수일 경우는 (1,1) (1,2) (1,3) (1,4) (1,5) (1,6) (2,1) (3,1) (4,1) (5,1) (6,1) (2,2) (2,4) (2,6) (4,2) (6,2) (3,3) (3,6) (6,3) (4,4) (5,5) (6,6)으로 총 22가지이다.

따라서 확률은 $\dfrac{22}{36} = \dfrac{11}{18}$이 된다.

8 ②

$A = B + 2$, $C = B - 5$, $\dfrac{A+B+C}{3} = 21$

$\dfrac{(B+2)+B+(B-5)}{3} = \dfrac{3B-3}{3} = B - 1 = 21$

$B = 22$, $A = B + 2 = 24$, $C = B - 5 = 17$

$\therefore$ C는 17살이다.

9 ③

A제품 :

$(40,000 + 10,000) \times 36 + 2,800,000 = 4,600,000$

B제품 :

$(40,000 + 20,000) \times 36 + 2,600,000 = 4,760,000$

C제품 :

$(30,000 + 10,000) \times 36 + 2,500,000 = 3,940,000$

D제품 :

$(30,000 + 20,000) \times 36 + 2,400,000 = 4,200,000$

E제품 :

$(30,000 + 30,000) \times 36 + 2,400,000 = 4,500,000$

10 ③

전체 200명 중 남자의 비율이 70%이므로 140명이 되고 이중 커피 선호자의 비율이 60%이므로 선호자 수는 84명이 된다.

선호 성별	선호자 수	비선호자 수	전체
남자	84명	56명	140명
여자	40명	20명	60명
전체	124명	76명	200명

① $\dfrac{84}{56} = \dfrac{3}{2} = 1.5$

② 남자 커피 선호자(84)는 여자 커피 선호자(40)보다 2배 이상 많다.

④ $\dfrac{84}{140} \times 100 = 60 < \dfrac{40}{60} \times 100 = 66.66 \cdots$ 이므로 남자의 커피 선호율이 여자의 커피 선호율보다 낮다.

⑤ 커피 비선호율 : $\dfrac{76}{200} \times 100 = 38\%$,

커피 선호율 : $\dfrac{124}{200} \times 100 = 62\%$ 이므로 2배가 되지 않는다.

11 ⑤

㉠ 2017년에 신문을 본다고 응답한 인구 중에서 일반 신문과 인터넷 신문을 모두 본다고 응답한 비율은 최대 67.8%이다.

㉡ 2017년과 2019년의 조사 대상자 수를 알 수 없기 때문에 신문을 본다고 응답한 인구수의 크기를 비교할 수 없다.

㉢ 2019년 인터넷 신문을 본다고 응답한 인구수는 남자의 경우 79.5% 중 80.6%이고, 여자의 경우는 65.8% 중 82.5%이므로 남자가 여자보다 많다.

㉣ 2017년과 2019년에 각각 신문을 본다고 응답한 인구 중에서 일반 신문을 보는 비율과 인터넷 신문을 보는 비율을 나타낸 것이므로 비율이 높으면 인구수도 많다. 따라서 2017년과 2019년 모두 일반 신문보다 인터넷 신문을 본다고 응답한 인구수가 더 많다.

12 ②

우리나라와 미국 모두 음식·숙박업의 종사자당 부가 가치 생산액이 가장 적고, 금융·보험업의 종사자당 부가 가치 생산액이 가장 많다.

② 업종별 종사자 수 비중 격차는 보건·사회 서비스업이 가장 크다.

13 ⑤

① 사망자수와 출생아수는 각각 1997년에 감소·증가하고 나머지는 증가·감소하고 있다.

② 출생아수의 변화율이 가장 큰 것은 2017년으로 전년대비 27.38% 감소하였다.

③ 사망자수와 출생아수가 동일한 해는 2017년과 2027년 사이로 그래프를 통해 정확히 알 수 있는 것은 아니다.

④ 1997년의 출생아수 : 사망자수 = 3.3 : 1이며 2057의 출생아수 : 사망자수 = 1 : 3.6이다.

14 ②

이웃을 신뢰하는 사람의 비중은 20대(36.5%)가 10대(38.5%)보다 낮으며, 20대 이후에는 연령이 높아질수록 신뢰도가 비례하여 높아졌다. 이러한 추이는 연령별 평점의 증감 추이와도 일치하고 있음을 알 수 있다.

15 ⑤

⑤ A기관 : 53÷28=약 1.9대,
B기관: 127÷53=약 2.4대,
C기관: 135÷50=2.7대이므로 C도시철도운영기관이 가장 많다.

① 휠체어리프트는 C도시철도운영기관이 가장 많다.

② (53+127+135)÷3=105이므로 100개보다 많다.

③ A기관 : 895÷240=약 3.7대,
B기관 : 1,329÷349=약 3.8대,
C기관 : 855÷237=약 3.6대이다.

④ 265÷95=약 2.8대   455÷92=약 4.9대
135÷50=2.7대이므로 에스컬레이터가 가장 많다.

16 ①

① 부서별 항목별 예산 내역이 10,000,000(만 원) 이상인 부서는 A, F이다.

② 부서별 기본 경비의 총 합은 1,289,350(만 원)이다.

③ 사업비가 7,000,000(만 원)이하인 부서는 C, E이다.

④ 인건비가 가장 높은 부서는 F[(4,237,532(만 원)]이고, 기본 경비도 865,957(만 원)으로 가장 높다.

⑤ 모든 부서의 3가지 예산 항목 중 사업비 비중은 가장 높다.

17 ③

> S연구소의 부서별 직종별 인원은 정원 220명, 현원 216명이다. 직종별 현원 중 가장 비중이 높은 직종은 (㉠ 일반직)으로 총 149명을 기록했다. 두 번째로 비중이 높은 직종은 기능직으로 40명을 기록했고, 세 번째로 비중이 높은 직종은 계약직으로 21명을 기록했다. 네 번째로 비중이 높은 직종은 별정직으로 (㉡ 4)명을 기록했으며, 가장 비중이 낮은 직종은 개방형으로 2명을 기록했다.

18 ①

② 2015년의 장기 금연계획률은 57.4 - 18.2 = 39.2로 전년과 동일하다.

③ 2017의 금연계획률은 20.2 + 36.1 = 56.3이다.

④ 2018년과 2019년의 흡연율은 전년에 비해 감소하였다.

⑤ 2013년, 2016년, 2017년만 7배 이상이다.

19 ⑤

A회사가 R제품, B회사가 Y제품을 판매하였을 때가 11−3=8억 원으로 수익의 합이 가장 크게 된다.

20 ③

3분기에는 B회사의 수익이 분기별 증감 분포표에 따라 바뀌게 되므로 다음과 같은 수익체계표가 작성될 수 있다.

		B회사		
		X제품	Y제품	Z제품
A회사	P 제품	(4, −2.4)	(5, −1.3)	(−2, 7.5)
	Q 제품	(−1, −1.6)	(3, 2.8)	(−1, 10.5)
	R 제품	(−3, 6)	(11, −3.9)	(8, −1)

따라서 Q제품과 X제품을 판매할 때의 수익의 합이 −1−1.6=−2.6억 원으로 가장 적은 것을 알 수 있다.

① R제품, Y제품 조합에서 Q제품, Z제품의 조합으로 바뀌게 된다.

② X제품은 R제품과 함께 판매하였을 때의 수익이 6억 원으로 가장 크게 된다.

④ 3분기의 수익액 합이 가장 큰 제품은 Z(7.5 + 10.5 − 1 = 17)제품이다.

⑤ B회사가 Y제품을 판매할 때의 양사의 수익액 합의 총합은 5−1.3+3+2.8+11−3.9=16.6억 원이며, Z제품을 판매할 때의 양사의 수익액 합의 총합은 22억 원이며, X제품을 판매할 때의 양사의 수익액 합의 총합은 2억 원이 된다.

21 ⑤

①②③④ 상하관계

22 ④

④ 반의관계

①②③⑤ 유의관계

23 ②

② 유의관계

①③④⑤ 반의관계

24 ①

① 바람이 없는 날 가늘고 성기게 조용히 내리는 비

② 비가 겨우 먼지나 날리지 않을 정도로 조금 옴

③ 볕이 나 있는 날 잠깐 오다가 그치는 비

④ 여름에 일을 쉬고 낮잠을 잘 수 있게 하는 비라는 뜻으로, 여름비를 이르는 말

⑤ 비가 내리기 시작할 때 성기게 떨어지는 빗방울

25 ②

개호주 … 범의 새끼

※ 노가리 … 명태의 새끼

26 ③

이슬은 문학작품 등에서 눈물을 비유적으로 이를 때 쓰인다.

③ 용은 봉황, 기린 등과 함께 임금을 상징하는 동물 중 하나이다.

27 ③

① 오렌지, 귤 : 네 번째 조건에 따라 귤을 사려면 사과와 오렌지도 반드시 사야 한다.

② 배, 딸기 : 두 번째 조건에 따라 배와 딸기 중에서는 한 가지밖에 살 수 없으며, 세 번째 조건에 따라 딸기와 오렌지를 사려면 둘 다 사야 한다.

④ 사과, 딸기, 귤 : 세 번째 조건에 따라 딸기와 오렌지를 사려면 둘 다 사야 하며, 네 번째 조건에 따라 귤을 사려면 사과와 오렌지도 반드시 사야 한다.

⑤ 사과, 배, 귤 : 네 번째 조건에 따라 귤을 사려면 사과와 오렌지도 반드시 사야 한다.

28 ③

③ 첫 번째 사실의 대우이므로 반드시 참이다.

29 ③

잘하는 순서

㉠ 수영 : B > C > D

㉡ 달리기 : D > A > B

30 ⑤

건물의 위치 : 도서관 - 집 - 병원 - 학교

① 위치만 알뿐 정확한 거리는 알 수 없다. 따라서 전제조건에 따라 항상 옳은 것은 ⑤가 된다. 건물의 위치 상 양 끝에 있는 건물 사이의 거리가 가장 멀기 때문이다.

31 ②

생각이 깊은 사람은 자유를 누릴 수 있다. → 자유를 누릴 수 있는 사람은 명예에 집착하지 않는다. → 명예에 집착하지 않는 사람은 자연과 함께 호흡할 수 있다.

32 ⑤

㉠ 갑과 을이 함께 당첨이 될 경우 갑이 최대로 받기 위해서는 3장의 응모용지에 모두 같은 수를 써서 당첨이 되어야 하고, 을은 1장만 당첨이 되어야 한다. 갑은 총 4장의 응모용지 중 3장이 당첨된 것이므로 $\frac{3}{4} \times 100 = 75$개, 을은 25개를 받는다. 갑은 최대 75개의 사과를 받는다.

㉡ ㉠과 같은 맥락으로 갑이 최소로 받게 되는 사과의 개수는 25개가 된다.

㉢ 갑이 1장만으로 당첨이 되었을 경우 받을 수 있는 사과의 개수는 $\frac{100}{1} = 100$개

갑이 3장을 써서 모두 같은 수로 당첨이 되었을 경우 받을 수 있는 사과의 개수는 $\frac{100}{3} \times 3 = 100$개 모두 같은 개수의 사과를 받는다.

33 ③

③ 많은 연습(p), 골(q), 좋은 축구선수(r), 팬의 즐거움(s)라고 할 때, 주어진 전제는 'p → q', '~s → ~r(= r → s)'이다. 따라서 'p → s'가 반드시 참이 되기 위해서는 'q → r(또는 ~r → ~q)'가 필요하므로 '골을 넣는 선수는 좋은 축구선수이다.'가 있으면 결론이 반드시 참이 된다.

34 ②

모든 사과(a), 유기농(b), 가격이 비싼 것(c), 화학비료(d)라고 할 때, 주어진 전제는 'a → b', ' ~c → d(= ~d → c)'이다. 따라서 'b → c'가 되기 위해선 'b → ~d(= d → ~b)'가 필요하므로 '유기농은 화학비료를 사용하지 않은 것이다.' 또는 '화학비료를 사용한 것은 유기농이 아니다.'가 있으면 결론이 반드시 참이 된다.

35 ②

주어진 조건을 통해 5명이 사는 층을 유추하면 다음과 같다.

5층	영희
4층	철수
3층	민수(또는 진하)
2층	유리
1층	진하(또는 민수)

36 ③

③ H가 두 번째 칸에 탄다면 D 앞에는 B와 C가 나란히 탈 자리가 없으므로 B와 C는 D보다 뒤에 타게 된다.

① F가 D보다 앞에 탄다면 D 앞에 F와 H가 타게 되어 B와 C가 나란히 탈 자리가 없으므로 B와 C는 D보다 뒤에 타게 된다.

② G가 D보다 뒤에 탄다는 사실을 알더라도 B와 C가 어디에 타는지 알 수 없다.

④ B가 D의 바로 뒤 칸에 탄다면 E는 일곱 번째 칸 또는 마지막 칸에 타게 된다.

⑤ C가 두 번째 칸에 탄다면 H는 첫 번째 칸 또는 세 번째 칸에 타게 된다.

37 ①

② 오리를 구경하면 기린을 구경할 수 없다.

③ 호랑이를 구경할 경우에만 사자를 구경할 수 있다.

④ 호랑이를 구경하면 오리를 구경할 수 없다.

⑤ 학을 구경하면 사자를 반드시 구경한다.

38 ②

아프리카의 한 나라	미국	일본	중국	프랑스/영국	프랑스/영국

39 ③

주어진 조건을 통해 위치가 가까운 순으로 나열하면 영화관 - 카페 - 놀이동산이며 A, B, C각 자가용, 지하철, 버스를 이용하여 간 곳은 영화관(B, 자가용) - 카페(A, 버스) - 놀이동산(C, 지하철)이 된다.

40 ⑤

주어진 〈진술〉들을 표로 정리하면 다음과 같다.

	빌라	~빌라
북구	오른손	~의심
남구	오른손, 의심	가난

'보통'이는 왼손잡이라고 했으므로 진술 ⓒ의 대우에 의해 '보통'이는 빌라에 살고 있지 않음을 알 수 있다. 따라서 반드시 참인 것은 ⑤이다.

①②④ 참인지 거짓인지 판단할 수 없다.

③ 거짓이다.

41 ①

조건들로 다섯 명이 가위, 바위, 보 중 낸 모양을 유추하면 총 3가지의 경우가 나오며 이는 다음과 같다. 따라서 D가 주먹을 냈다면 E는 가위를 낸 것이므로 주먹과 보를 내지 않는다.

경우의 수	A	B	C	D	E
1	가위	보	가위	보	주먹
2	주먹	가위	주먹	가위	보
3	보	주먹	보	주먹	가위

42 ③

주어진 조건으로 두 가지 경우가 존재한다. 미경이의 앞의 말이 진실이고 뒤의 말이 거짓인 경우와 그 반대의 경우를 표로 나타내면 다음과 같다.

	나	타인	케이크
미경	참	거짓	먹음
진희	거짓	참	먹음
소라	참	거짓	안 먹음

	나	타인	케이크
미경	거짓	참	안 먹음
진희	참	거짓	안 먹음
소라	거짓	참	먹음

43 ③

주어진 내용에 따라 표로 정리하면

	커피	홍차	코코아	우유
A	×	×	×	○
B	×	×	○	×
C	○	×	×	×
D	×	○	×	×

44 ①

시침은 2칸씩, 분침은 4칸씩 이동하고 있다.

45 ②

색칠된 부분의 위치가 시계방향으로 한 칸, 세 칸씩 건너뛰면서 이동하고 있다.

46 ⑤

♡ ABCD → A+1, B+2, C+3, D+4

△ ABCD → ACBD

○ ABCD → A+2, B+0, C+1, D+0

A	B	C	D	E	F	G	H	I	J	K	L	M	N	O	P	Q	R	S	T	U	V	W	X	Y	Z
1	2	3	4	5	6	7	8	9	10	11	12	13	14	15	16	17	18	19	20	21	22	23	24	25	26

NINE → OKQI → OQKI

47 ③

PONY → ROOY → TOPY

48 ③

ㄱ	ㄴ	ㄷ	ㄹ	ㅁ	ㅂ	ㅅ	ㅇ	ㅈ	ㅊ	ㅋ	ㅌ	ㅍ	ㅎ
1	2	3	4	5	6	7	8	9	10	11	12	13	14

ㄹㅎㅈㄱ → ㄹㅈㅎㄱ → ㅁㅋㄷㅁ

49 ②

□ ABCD → +1 +1 +1 +1

○ ABCD → BADC

△ ABCD → +0 −2 +0 −2

♡ ABCD → DCBA

B2Eㅅ → 2BㅅE(○) → EㅅB2

50 ④

MK14 → NL25 → NJ23

제5회 정답 및 해설

✎ 수리영역

1 ①

거리＝속력×시간

$$\frac{1}{5}\times 8 = \frac{16}{10} = 1.6$$

12분간 1.6km를 달렸고, 48분 이내에 8.4km를 달려야 하므로

평균 속력을 a라 하면,

$$a\times\frac{48}{60}=\frac{84}{10}$$

$$a=\frac{84}{8}=\frac{21}{2}=\frac{105}{10}=10.5\,(\mathrm{km})$$

2 ④

농도가 40%인 소금물(200g)의 소금의 양

$$: 200\times\frac{40}{100}=80$$

농도가 10%인 소금물(xg)의 소금의 양

$$: x\times\frac{10}{100}=0.1x$$

두 혼합물의 농도는 처음(40%)의 1.125배 이므로

$40\times1.125=45\%$이며 이는 $\dfrac{80+0.1x}{200+x-x}\times100=45$가 된다. 따라서 방정식의 해는 $x=100$가 된다. 따라서 100g의 소금물 속 소금의 양은 $100\times0.1=10$이 된다.

3 ②

저녁식사비를 A라 할 때 각자 낸 금액은

㉠ 민수 : $\dfrac{3}{5}A$

㉡ 영민 : $\left(A-\dfrac{3}{5}A\right)\times\dfrac{1}{7}$

㉢ 은희 : $A-\left\{\dfrac{3}{5}A+\left(A-\dfrac{3}{5}A\right)\times\dfrac{1}{7}\right\}$

은희가 낸 금액은 3,600원이므로

$$\frac{12}{35}A=3,600,\ A=10,500\,(원)$$

4 ③

정가(500원에서 20%의 이익을 더한 값): $500\times1.2=600$

총 200개를 판매하였으므로 총 판매액은 $600\times200=120,000$원이 된다.

총매출이 동일한 이번 달에는 300개를 판매하였으므로 물건 1개당 가격은 $120,000\div300=400$이 된다. 따라서 지난달에 비해 $600-400=200$원만큼 절감하여 판매하였으므로 $\dfrac{200}{600}\times100=33.33\cdots=33.3\%$가 할인된 가격이다.

5 ①

사과를 x개 산다고 할 때, 배는 $(8-x)$개 살 수 있으므로

$$4,200\le 500x+900(8-x)\le 6,000$$

$$-3,000\le -400x\le -1,200$$

$$3\le x\le 7.5$$

x의 최솟값이 3일 때, 배는 최대 5개 구입할 수 있다.

6 ④

한 변의 길이를 x라고 하면
$(1-0.2)x = 0.8x$, $(1-0.5)x = 0.5x$, $(1-0.8)x = 0.2x$의
길이를 갖는다. 부피는 가로 × 세로 × 높이이므로
$0.8x \times 0.5x \times 0.2x = 0.08x^3$이다. 원래의 x^3인 부피
에서 0.92가 줄어들었다. 즉, 92%가 감소하였다.

7 ④

어떤 일을 1이라고 하면 1시간 동안 다정이는 $\frac{1}{8}$을,
철수는 $\frac{1}{5}$을 할 수 있다.

둘이 함께 작업한 시간을 x라고 하면 둘이 총 일한
양은 $\frac{1}{8} \times 1 + \frac{1}{5} \times 2 + (\frac{1}{8} + \frac{1}{5}) \times x = 1$이 된다.
따라서 방정식의 해를 구하면
$x = \frac{19}{13} = 1.461 \cdots = 1.5$시간을 함께 일했다.

8 ①

경수의 나이를 x, 경진이의 나이를 y라고 하면,
$x = y + 2$, $x^2 = 3y^2 - 2$가 된다.
첫 번째 식을 두 번째 식에 대입하여 풀면
$y^2 + 4y + 4 = 3y^2 - 2$,
$2y^2 - 4y - 6 = (2y+2)(y-3) = 0$
이므로 $x = 5$, $y = 3$
경진이의 나이가 3살, 경수의 나이는 5살이다.

9 ③

제품 케이스의 경우 2kg 이하이므로 서울은 4,000
원, 지방은 5,000원이다.

케이스 총 비용이 46,000원 이므로 서울 9곳(3,6000원),
지방 2곳(10,000원)으로 46,000원이 성립된다.

서울 4곳(16,000원), 지방 6곳(30,000원)으로 46,000원
이 성립한다.

전자 제품의 총 비용의 경우를 위의 두 경우에 대입

하면

서울 9곳(45,000원), 지방 2곳(12,000원)으로 총
57,000원으로 성립되지 않는다.

서울 4곳(20,000원), 지방 6곳(36,000원)으로 총
56,000원이 성립된다.

그러므로 총 10곳이 된다.

10 ②

ⓐ 여성과 남성의 각 인원수를 알 수 없기 때문에
비율만으로 SNS 계정을 소유한 인원수를 비교할
수 없다.

ⓑ 10대의 계정 소유 비율은 61.7%으로 40~50대
계정 소유 비율 31.3%의 2배가 되지 않는다.

ⓒ SNS 계정을 소유한 연령 중 20~30대 비율이
84.9%로 가장 높다.

ⓓ 성별과 연령별은 각 항목을 구분하는 서로 다른
기준이기 때문에 20~30대 여성의 SNS 계정 소
유 비율이 가장 크다고 볼 수 없다.

ⓔ 40~50대는 SNS 계정을 소유하지 않은 비율이
55.7%이고, 20~30대와 10대는 각각 84.9%,
61.7%가 SNS 계정을 소유하고 있다.

11 ②

② 2013년 대비 2014년 1분위의 월평균 교육비는
증가하였으나 월평균 소비 지출액에서 교육비가
차지하는 비율(7.8%)은 변하지 않았다. 이는 1분
위의 월평균 소비 지출액이 증가했기 때문이다.

⑤ 2016년 대비 2017년 1분위의 월평균 교육비가
증가했음에도 불구하고 월평균 소비 지출액 대비
교육비 비율이 낮아진 것은 월평균 교육비 증가
율보다 월평균 소비 지출액 증가율이 크기 때문
이다.

12 ⑤

ⓐ A고등학교 700명 중 20%가 지원하고 그 중 30%가 합
격 : $700 \times 0.2 \times 0.3 = 42$

C고등학교 300명 중 40%가 지원하고 그 중 15%가 합
격 : $300 \times 0.4 \times 0.15 = 18$

ⓑ B고등학교 500명 중 50%가 지원하고 그 중 10%가 합
격 : $500 \times 0.5 \times 0.1 = 25$

C고등학교 300명 중 20%가 지원하고 그 중 35%가 합
격 : $300 \times 0.2 \times 0.35 = 21$

ⓒ 국문학과 : $400 \times 0.05 \times 0.3 = 6$

경제학과 : $400 \times 0.25 \times 0.25 = 25$

법학과 : $400 \times 0.8 \times 0.2 = 64$

기타 : $400 \times 0.3 \times 0.25 = 30$

13 ②

ⓐ 한 주의 시작은 월요일, B부품을 구매하는 날은
일요일이므로 1주차에는 A제품을 만들지 못한다.
주문량도 0, 재고도 0이 된다.

ⓑ 2주차에는 A제품을 250개 만들어 200개 판매하
였으므로 재고는 50개가 남는다.

ⓒ 3주차에는 50개의 재고와 A제품을 450개 만들어
450개 판매하였으므로 재고는 50개가 남는다.

14 ④

구분	문화재	문화산업	관광	문예진흥	합계
2014년	1,346 (27.8%)	160 (3.3%)	292 (6.0%)	3,050 (62.9%)	4,848
2015년	1,620 (24.4%)	1,001 (15.1%)	789 (11.8%)	3,237 (48.7%)	6,647
2016년	2,558 (26.5%)	1,787 (18.5%)	1,057 (11.0%)	4,237 (44.0%)	9,639
2017년	2,725 (26.0%)	1,475 (14.1%)	1,912 (18.3%)	4,346 (41.6%)	10,458
2018년	2,994 (24.6%)	1,958 (16.1%)	2,189 (18.1%)	5,014 (41.2%)	12,155
2019년	3,383 (25.7%)	1,890 (14.3%)	2,474 (18.8%)	5,435 (41.2%)	13,182

① 2015년, 2016년에는 관광이 최저 비중을 차지했다.

② 예산증가율이 가장 높은 분야는 문화산업이다.

문화산업 : $\dfrac{1,890 - 160}{160} = 10.81$

관광 : $\dfrac{2,474 - 292}{292} = 7.47$

③ 2014년부터 문화예산은 점점 증가하였다.

⑤ 2019년에 문화재 예산이 차지한 비율은 2014년
에 비해 감소하였다.

15 ⑤

2019년 강도와 살인의 발생건수 합은
$5,753 + 132 = 5,885$건으로 4대 범죄 발생건수의
26.4%$\left(\dfrac{5,885}{22,310} \times 100 = 26.37\right)$를 차지하고 검거건수
의 합은 $5,481 + 122 = 5,603$건으로 4대 범죄 검거
건수의 28.3%$\left(\dfrac{5,603}{19,774} \times 100 = 28.3\right)$를 차지한다.

① 2016년 인구 10만 명당 발생건수는
$\dfrac{18,258}{49,346} \times 100 = 36.99 ≒ 37$이므로 매년 증가한다.

② 발생건수와 검거건수가 가장 적게 증가한 연도는
2018년으로 동일하다. 발생건수 증가율은 2017년
6.8%, 2016년 0.9%, 2017년 13.4%, 검거건수 증가율
은 2017년 1.73%, 2018년 1.38%, 2019년 18.9%이다.

③ 2019년 발생건수 대비 검거건수 비율이 가장 낮
은 범죄 유형의 발생건수는 강도 95%, 살인
92%, 정도 85%, 방화 99%에서 절도이다. 2019
년 4대 범죄 유형별 발생건수 총 22,310건이고
60%는 13,386건이 된다. 절도의 발생건수는
14,778건이므로 60%가 넘는다.

④ 2015년 92.3%, 2016년 88.3%, 2017년 84.1%,
2018년 84.5%, 2019년 88.6%로 매년 80% 이상
이다.

16 ⑤

○ 12월은 11월에 비해 온실가스 발생량이 감소했다.

12月－3,542.3,

11月－3,547.2,

10月－3,535.7,

9月－3,530,

8月－3,502.7

© 12月－ $418.4/3,542.3 \times 100 = 11.811 \cdots$,

11月－ $417.7/3,547.2 \times 100 = 11.775 \cdots$,

10月－ $414.2/3,535.7 \times 100 = 11.714 \cdots$,

9月－ $408.9/3,530 \times 100 = 11.583 \cdots$

8月－ $407.0/3,502.7 \times 100 = 11.619 \cdots$

17 ①

① 시설기준 미달 비율은 점유 형태가 무상인 경우보다 전세가 더 낮음을 알 수 있다.

② 각각 60.8%, 28.0%, 11.2%이다.

③ 15.5%와 9.1%로 가장 낮은 비율을 보이고 있다.

④ 33.4%로 45.6%보다 더 낮다.

⑤ 시설기준만 21.8%로 37.3%보다 낮고 나머지 세 개 분야에서는 모두 더 높다.

18 ③

모두 100%의 가구를 비교 대상으로 하고 있으므로 백분율을 직접 비교할 수 있다.

광역시 시설 기준 미달 가구의 비율 대비 수도권 시설 기준 미달 가구의 비율 배수는 37.9÷22.9=1.66배가 된다.

저소득층 침실 기준 미달 가구의 비율 대비 중소득층 침실 기준 미달 가구의 비율 배수는 같은 방식으로 45.6÷33.4=1.37배가 된다.

19 ①

○ 남편과 아내가 한국 사람인 경우에 해당하는 수치가 되므로 신혼부부의 수가 감소하였음을 알 수 있다.(O)

© (88,929－94,962)÷94,962×100=약 －6.35%가 되어 증감률은 마이너스(－) 즉, 감소한 것이 된다.(X)

© 5.0→6.9(남편), 32.3→32.6(아내)로 구성비가 변동된 베트남과 기타 국가만이 증가하였다.(O)

② 남편의 경우 2019년이 61.1%, 2020년이 60.2% 이며, 아내의 경우 2019년이 71.4%, 2020년이 71.0%로 남녀 모두 두 시기에 50% 이상씩의 비중을 차지한다.(O)

20 ①

$100 - 16.6 - 10.5 - 12.8 - 15.1 = 45$

전라도의 음주운전 교통사고비율을 x 라 하면 서울시의 비율은 $x + 7$이 되므로

$2x + 7 = 45 \rightarrow x = 19$가 된다.

따라서 2017년에 전라도에서 교통사고를 당한 사람의 수는 $400 \times \dfrac{19}{100} = 76$가 된다.

21 ①

① 포함관계 : 왼쪽 단어 ⊃ 오른쪽 단어

②③④⑤ 포함관계 : 왼쪽 단어 ⊂ 오른쪽 단어

22 ⑤

①②③④의 경우 남한말 – 북한말의 관계이며 정구지
는 부추의 방언(경상, 전북, 충청)이다.

23 ③

①②④⑤ 시간순서에 따른 배열이다.

③ 시각적 순서에 따른 배열이다.

24 ②

탁구를 하기 위해 필요한 도구는 공이고 요리를 하기
위해 필요한 도구는 주걱이다.

25 ①

풍만과 윤택은 '풍족하여 그득하다'의 의미를 가진 단
어로 유의어 관계에 있다. 따라서 괄호 안에 단절과
유의어 관계에 있는 불통이 가장 적절하다.

26 ②

악어와 악어새, 개미와 진딧물은 공생관계이다.

27 ②

② 벚꽃이 피면 축제가 열리고, 축제가 열리면 소비
가 활성화 되고, 지역경제가 살아난다. 따라서 벚꽃
이 피면 지역경제가 살아난다.

28 ③

인기도 순서 … A그룹 > V그룹 > S그룹 > K그룹

29 ④

성적 순서 … 세이 > 영희 > 철수 > 하진 > 형수

30 ①

甲과 丙의 진술로 볼 때, C = 삼각형이라면 D = 오
각형이고, C = 원이라면 D = 사각형이다. C = 삼각
형이라면 戊의 진술에서 A = 육각형이고, 丁의 진술
에서 E ≠ 사각형이므로 乙의 진술에서 B = 오각형이
되어 D = 오각형과 모순된다. 따라서 C = 원이다.
C = 원이라면 D = 사각형이므로, 丁의 진술에서 A
= 육각형, 乙의 진술에서 B = 오각형이 되고 E =
삼각형이다. 즉, A = 육각형, B = 오각형, C = 원,
D = 사각형, E = 삼각형이다.

31 ②

• C는 A에게 이겼으므로 A는 붉은 구슬 2개가 된다.

• C는 B와 비겼으므로 구슬이 없고, B는 흰 구슬 1
  개가 된다.

• B는 A에게 졌으므로 A는 붉은 구슬 1개가 된다.

32 ⑤

⑤ A가 C보다 빨리 들어왔으므로 B가 A보다 빨리 들어왔다는 전제 또는 A가 B보다 빨리 들어오지 못했다는 전제가 있으면 B가 가장 빨리 들어왔다는 결론이 참이 된다.

33 ③

③ 미진이가 어제 노란색 옷을 입었다면 오늘은 파란색 옷을 입었을 것이고 오늘 파란색 옷을 입었다면 내일은 빨간색 옷을 입을 것이다.

34 ⑤

⑤ 전제가 참이면 대우가 반드시 참이다. 전제2의 대우는 '천재가 아닌 사람은 박사가 아니다.'로 '갑순이는 천재가 아니다.'라는 전제가 있으면 결론은 참이 된다.

35 ④

총 30회의 가위바위보 게임에서 모두 이길 경우 얻을 수 있는 점수는 150점이다.

• 甲, 乙 : 29회를 이길 경우 145점을 얻는데, 30번째에서 비길 경우 146점을, 질 경우 144점을 얻을 수 있다. → 甲, 乙 거짓

• 丙, 丁, 戊 : 28회를 이길 경우 140점을 얻는데, 29～30번째 모두 비길 경우 142점, 1번 비기고 1번 질 경우 140점, 2번 모두 질 경우 138점을 얻을 수 있다. → 丙, 戊 거짓, 丁 참

36 ②

• 36개의 로봇을 6개씩 6팀으로 나눠 각 팀의 1위를 가린다. → 6경기

• 각 팀의 1위 로봇끼리 재경기를 해 1위를 가린다. → 1경기(가장 빠른 로봇이 가려짐)

• 가장 빠른 로봇이 나온 팀의 2위 로봇과 나머지 팀

의 1위 로봇을 재경기해 1위를 가린다. → 1경기(두 번째로 빠른 로봇이 가려짐)

따라서 36개의 로봇 중 가장 빠른 로봇 1, 2위를 선발하기 위해서는 최소 8경기를 해야 한다.

37 ①

• 목수는 이씨이고, 대장장이와 미장공은 김씨가 아니라는 조건에 의해 대장장이와 미장공은 박씨와 윤씨임을 알 수 있다. 하지만 마지막 조건에 따라 윤씨는 대장장이가 아니므로 대장장이는 박씨이고 미장공은 윤씨임을 알 수 있다. 따라서 2명의 김씨의 직업은 단청공과 벽돌공이다.

• 어인놈은 단청공이며, 상득은 김씨라는 조건에 따라 어인놈은 김씨이며 단청공이고, 상득은 김씨이며 벽돌공임을 알 수 있다.

• 어인놈이 단청공이고 상득이 벽돌공인 상황에서 2전 5푼의 일당을 받는 정월쇠는 대장장이며 박씨이다.

• 좀쇠는 박씨도 이씨도 아니라는 조건에 의해 윤씨이며 직업은 미장공이다.

• 마지막으로 남은 작은놈이 이씨이며 목수이다. 이름을 기준으로 일당을 정리하면,

• 좀쇠(윤씨, 미장공) : 동원된 4일 중 3일을 일하고 1일을 쉬었으므로 3 × 4전 2푼 + 1전 = 13전 6푼을 받는다.

• 작은놈(이씨, 목수) : 동원된 3일을 일하였으므로 3 × 4전 2푼 = 12전 6푼을 받는다.

• 어인놈(김씨, 단청공) : 동원된 4일을 일하였으므로 4 × 2전 5푼 = 10전을 받는다.

• 상득(김씨, 벽돌공) : 동원된 4일을 일하였으므로 4 × 2전 5푼 = 10전을 받는다.

• 정월쇠(박씨, 대장장이) : 동원된 6일 중 5일을 일하고 1일을 쉬었으므로 5 × 2전 5푼 + 1전 = 13전 5푼을 받는다.

38 ③

'E가 당직을 하면 A와 F도 당직을 하고, F가 당직을 하면 E는 당직을 하지 않는다'는 보기는 서로 모순된다. 따라서 E는 당직을 하지 않는다. C와 D 중 한 명이라도 당직을 하면 E도 당직을 하고, A가 당직을 하면 E도 당직을 하므로 A, C, D는 당직을 하지 않는다. 따라서 B와 F가 당직을 한다.

39 ⑤

제시된 조건을 통해 추리할 수 있는 범위는 다음과 같다.

18살	16살	14살	12살
국어 학원	㉠	㉡	영어/수학 학원
㉢	㉣	울산	서울

①②③④는 제시된 조건을 통해 추리할 수 있는 범위 내에 있으므로 필요하지 않다.

⑤를 통해 ㉣은 부산, ㉠은 수학학원임을 알 수 있고 남은 ㉡은 과학학원, ㉢은 파주라는 것을 알 수 있다.

40 ②

② 철수는 인기가 많지 않지만 착한 남자이므로, 두 번째 조건에 대입하면 똑똑하지 않은 사람이다. 철수는 인기가 많지 않고 착한 사람인데, 이를 세 번째 조건에 대입하면 철수는 멋진 남자일 수 없다. 따라서 반드시 거짓이다.

41 ③

〈보기〉의 ㉠~㉣을 정리하면 a~d의 순서관계를 얻을 수 있다.

	C	D	A	B	E
a	0	−4	−2	+3	+6
b				−7	−4
c			−6	−1	+2
d				−11	−8

이 중 〈보기〉 ㉤을 충족하는 것은 c이고 다섯 사람의 나이가 모두 다르다는 조건을 충족하는 것은 a, c, d이다. 따라서 A~E의 연령으로 알맞은 것은 c이다. 여기서 나이가 두 번째로 많은 사람은 C이다.

42 ①

① 갑이 총무과에 배치되면 을은 기획과에 배치되고, 정은 인력과에 배치되지 않으며, 무는 기획과에 배치된다. 무가 기획과에 배치되면 병은 총무과에 배치되지 않는다. 이것은 네 번째 조건과 양립하지 않으므로 갑은 총무과에 배치되지 않는다.

43 ④

월	화	수	목	금
과장	차장	부장	사원	대리

44 ④

도형은 하나씩 밖→안으로 들어가고 색칠되는 부분은 안→밖으로 나가고 있다.

45 ①

① 첫 번째, 두 번째, 세 번째 열을 모두 합하면 '田' 모양이 된다.

46 ①

㉠ ⬒ : 각 자리마다 1을 더한다(A → B).

㉡ ◠ : 모든 문자열의 순서를 바꾼다(1234 → 4321).

㉢ ◑ : 맨 앞자리와 맨 끝자리의 문자의 순서를 바꾼 다(1234 → 4231).

㉣ ⬓ : 각 자리마다 2를 뺀다(C → A).

A	B	C	D	E	F	G	H	I	J	K	L	M
1	2	3	4	5	6	7	8	9	10	11	12	13
N	O	P	Q	R	S	T	U	V	W	X	Y	Z
14	15	16	17	18	19	20	21	22	23	24	25	26

① 5W8J → JW85 → KX96 → 69XK의 과정을 거친다.

47 ③

③ WHAT → XIBU → YJCV → VJCY의 과정을 거친다.

48 ②

② YOUNG → GNUOY → YNUOG → WLSME의 과정을 거친다.

49 ①

◗ : 한 자리씩 오른쪽으로 이동한다(WG2ㅅ → ㅅWG2).

◎ : 맨 앞자라리와 맨 끝자리를 제외한 중간 문자열의 순서를 바꾼다(12345 → 14325).

◨ : 각 자리마다 1을 뺀다(0 → 9, ㅁ → ㄹ).

◉ : 모든 문자열의 순서를 바꾼다(1234→4321).

MIC2 → MCI2 → 2ICM

50 ②

8Eㅎ9L → 89ㅎEL(◎) → 78ㄱDK→K78ㄱD